Presses Aventure, une division de
Les Publications Modus Vivendi Inc.
55, rue Jean-Talon Ouest, 2e étage
Montréal (Québec) H2R 2W8
CANADA
www.groupemodus.com

Publié pour la première fois en 2010 par BOOM Kids! une division de Boom Entertainment, Inc. sous le titre original *Route 66 Dash*.

Éditeur : Marc Alain
Responsable de collection : Marie-Eve Labelle

Traduit de l'anglais par Sébastien Cliche Ducharme

Dépôt légal — Bibliothèque et Archives nationales du Québec, 2013
Dépôt légal — Bibliothèque et Archives Canada, 2013

ISBN 978-2-89660-555-2

Nous reconnaissons l'aide financière du gouvernement du Canada par l'entremise du Fonds du livre du Canada pour nos activités d'édition.

Gouvernement du Québec — Programme de crédit d'impôt pour l'édition de livres — Gestion SODEC

Imprimé en Chine

ARTISANS DE L'ÉDITION ORIGINALE

ÉCRIT PAR :
Alan J. Porter

DESSINS
Allen Gladfelter

COULEURS :
Rachelle Rosenberg

DESIGN :
Erika Terriquez

COUVERTURE :
Allen Gladfelter

ASSISTANT ÉDITEUR :
Jason Long

ÉDITEUR :
Aaron Sparrow

UN MERCI SPÉCIAL À :
Jesse Post, Lauren Kressel,
Lisa Kelley et Kelly Bonbright

LE MATIN SUIVANT...

TU RIGOLES, SALLY? JE SUIS UN COUREUR. CETTE COURSE EST IDÉALE POUR PROUVER QUE JE...

... QUE NOUS SOMMES PLUS RAPIDES QUE N'IMPORTE QUI!

NOUS!

VOUS ÊTES SÉRIEUX? CETTE COURSE NE VOUS EST PAS FAMILIÈRE.

C'EST QUI N'IMPORTE QUI? IL EST RAPIDE?

TU CROIS QU'ON DEVRAIT Y PARTICIPER?

QUOI? TOI ET RAMONE VOULEZ Y PARTICIPER?

NON. SALLY ET MOI!

BONNE IDÉE, FLO! ON POURRAIT...

POURQUOI VOUS RIEZ?

HA! HA! HA! ENFIN, SALLY... VOUS ÊTES DES FILLES.

J'AI BIEN ENTENDU?

OUI. NON SEULEMENT FLO ET MOI PARTICIPERONS À LA COURSE, MAIS NOUS ALLONS LA REMPORTER!

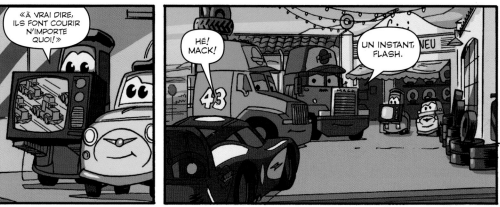

TU FAIS QUOI, FILLMORE?

JE CONTEMPLE LE MONDE, MEC.

CESSE DE CONSOMMER CETTE ESSENCE BIOLOGIQUE. ELLE PÂLIT TA PEINTURE.

NON! CETTE ESSENCE EST DE QUALITÉ SUPÉRIEURE. SI J'AI DES RATÉS, C'EST QU'ELLE ÉLIMINE LES TOXINES.

SI TU LE DIS, MEC. AU FAIT, FLO PARTICIPERA À LA COURSE AVEC SALLY.

C'EST PLUTÔT RADICAL. MAIS JE SUIS PARTISAN DU PROGRÈS.

RAMONE ROULERA DONC SANS SA FEMME PENDANT QUELQUE TEMPS.

SUIS LE MOUVEMENT DANS CE CAS.

IMPOSSIBLE. RAMONE DOIT AVOIR UN PARTENAIRE ET L'ÉQUIPE DE FLO EST DÉJÀ COMPLÈTE.

ON POURRAIT FAIRE ÉQUIPE TOUS LES DEUX? ÇA SERAIT TOUT UN ÉVÉNEMENT, MEC.

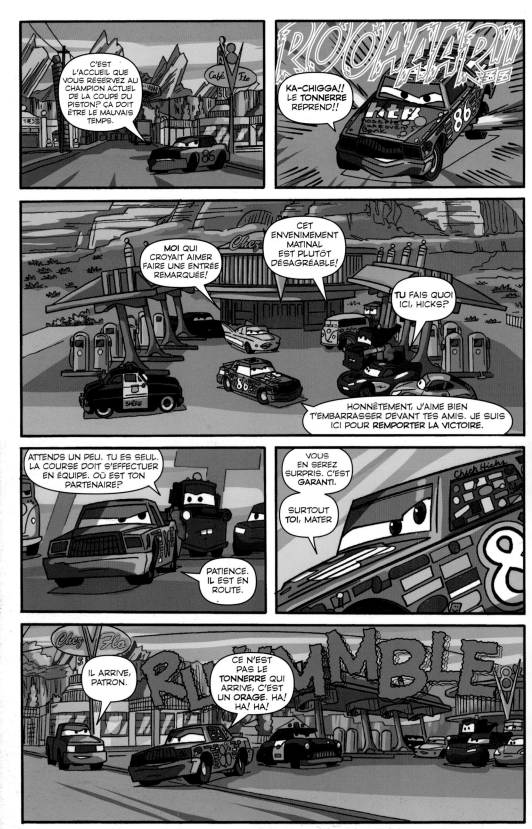

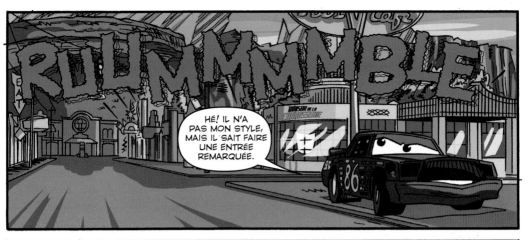

*POUR VIVRE LA DERNIÈRE RENCONTRE ENTRE BUBBA ET MATER, LISEZ LES BAGNOLES : *RADIATOR SPRINGS*. – AARON

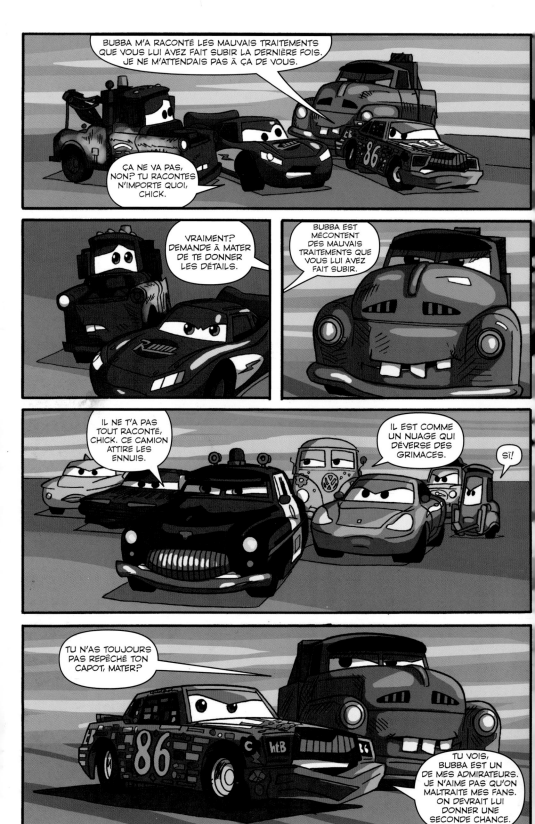

UN PEU PLUS TARD...

HÉ! LUIGI! T'AS VU MATER?

NON! JE NE L'AI PAS VU DEPUIS HIER.

«JE CROIS SAVOIR OÙ IL EST.»

MATER MANQUE À L'APPEL?

ON DIRAIT BIEN.

IL NE DEVRAIT PAS AVOIR PEUR DE CE CAMION.

«IL N'A PAS PEUR. IL SE PRÉPARE.»

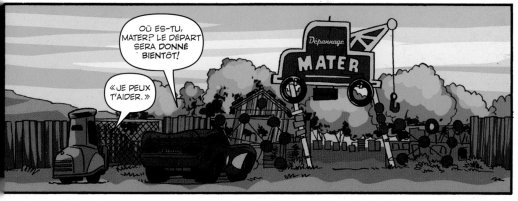

OÙ ES-TU, MATER? LE DÉPART SERA DONNÉ BIENTÔT!

«JE PEUX T'AIDER.»

JE NE COMPRENDS RIEN, GUIDO? TU SAIS OÙ EST MATER?

«OUI. IL EST CHEZ DOC.»

TU AS DIT DOC? IL EST CHEZ DOC?

SÌ! DOC. SÌ!!

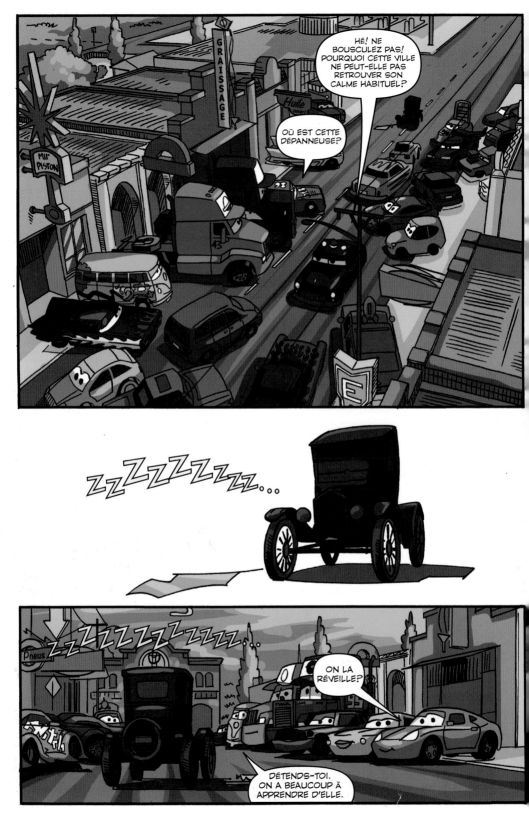

17

MATER! TU OUBLIES LA COURSE? SORS DE LÀ.

IL N'EST PAS LÀ, FLASH.

GUIDO M'A DIT LE CONTRAIRE.

IL EST AU GARAGE SITUÉ À DEUX PAS D'ICI.

JE LUI AI DONNÉ LA SIRÈNE QU'IL ME DEMANDAIT. ALLEZ, MATER. TU PRENDS UN TEMPS FOU À L'INSTALLER.

UN INSTANT. J'Y SUIS PRESQUE.

TU FAIS QUOI?

JE CROIS QUE J'AI PEUR.

O.K. J'ARRIVE.

FAITES PLACE À MATER!!

POURQUOI AS-TU UNE SIRÈNE?

J'AI EU UNE IDÉE.

RÉFLÉCHIS. LES GENS SUR LA ROUTE VONT NOUS LAISSER PASSER AVEC CES LUMIÈRES QUI CLIGNOTENT!

JE REGRETTE DÉJÀ MA DÉCISION.

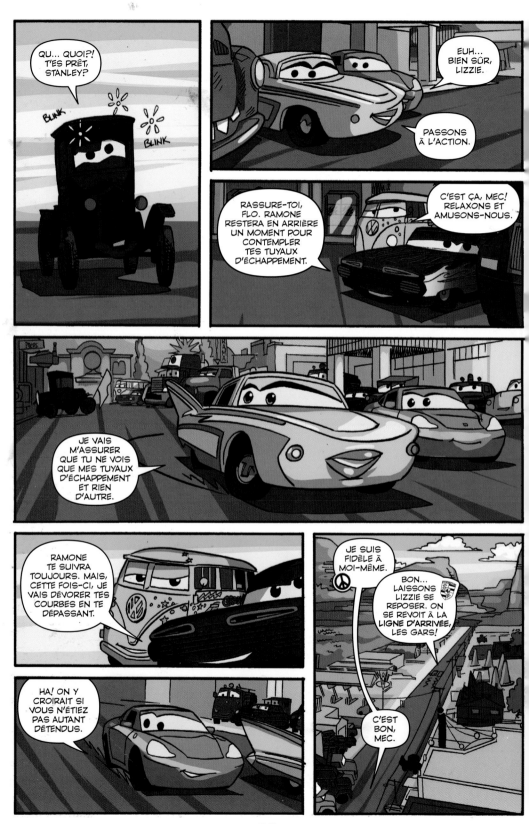

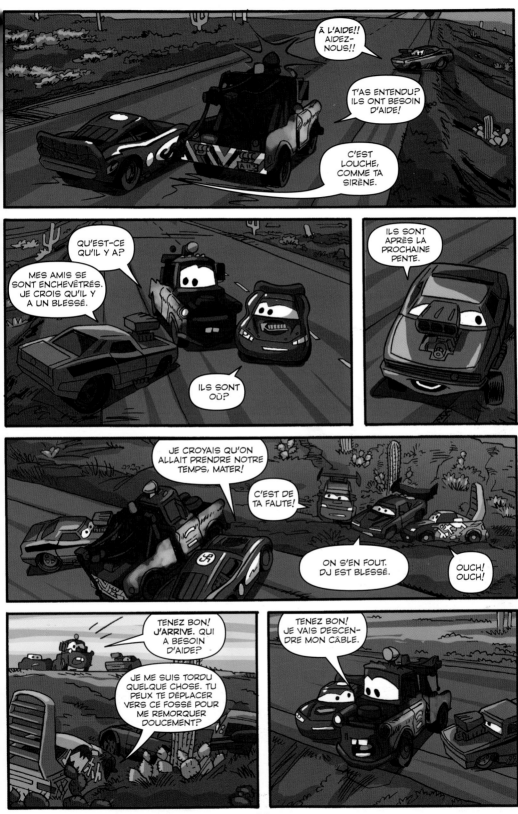

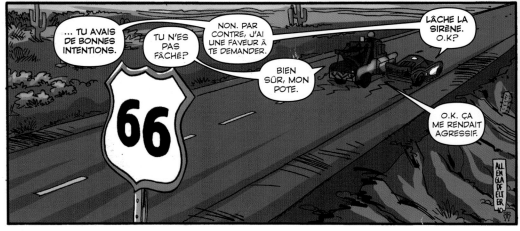

LES REVOILÀ...

LES VOITURES LES PLUS AUDACIEUSES À AVOIR CIRCULÉ SUR LA...

ROUTE 66

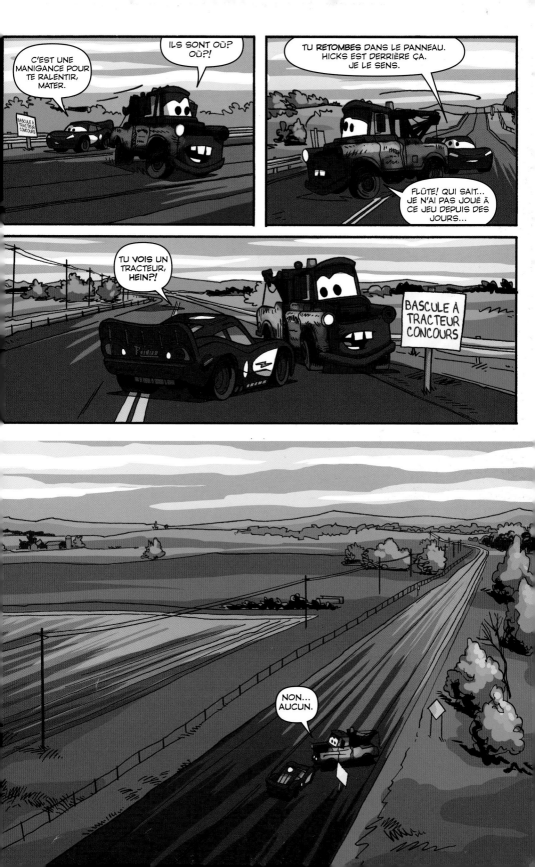

REJOIGNONS NOS DEUX BEAUTÉS DE L'ACCÉLÉRATEUR.

2 BUICKS PISTONS

RALENTIS. TU VAS TROP VITE.

ALLEZ, FLO. BOUGE. T'EN AS BESOIN.

BON SANG! C'EST UN COUP PLUTÔT BAS!

MAIS QUI EST CELUI QUI ATTEND NOS JOLIES DAMES?

ON DIRAIT BIEN QUE JE VAIS ATTEINDRE MON QUOTA!

JE SAVAIS QU'ON S'ATTIRERAIT DES ENNUIS EN FILANT À CETTE VITESSE. J'AURAIS DÛ RÉSISTER.

DU CALME. JE SUIS AVOCATE.

UNE AVOCATE, HEIN? JE DEVRAIS DOUBLER L'AMENDE POUR ÇA.

«SOUPIR»

IL FAUT Y ALLER EN DOUCEUR, COMME RAMONE!

NUL BESOIN DE S'EXTÉNUER, LES FILLES.

POURQUOI NE VAS-TU PAS VOIR AILLEURS SI J'Y SUIS?

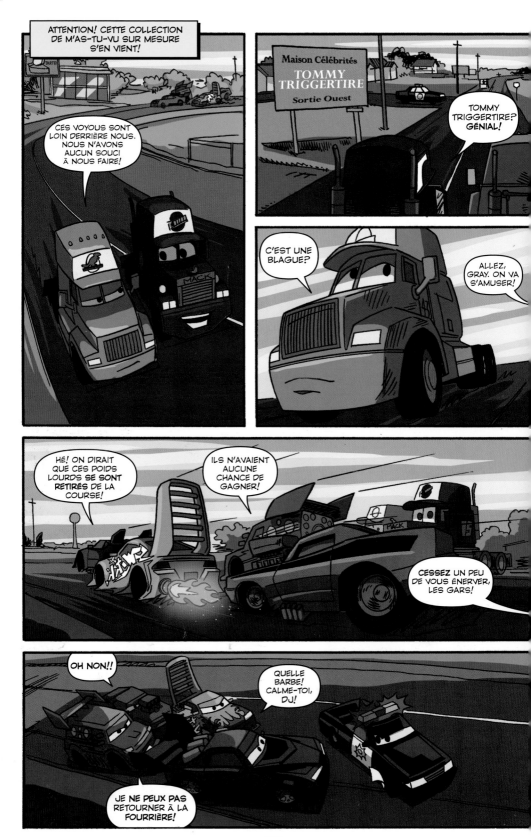

32

PENDANT CE TEMPS, NOS FILLES TRAVERSENT L'OKLAHOMA... ET ELLES SONT À COURT D'ESSENCE...

COUGH!

SPLUTTER!

JE DOIS FAIRE LE PLEIN D'ESSENCE.

O.K. JE DOIS Y ALLER ÉGALEMENT.

ON PEUT S'ARRÊTER LÀ.

J'HALLUCINE OU C'EST LUI?

HÉ! T'ES UN SPECTACLE À RÉJOUIR LE CŒUR!

REGARDE-MOI BIEN, CAR JE M'APPRÊTE À DISPARAÎTRE UN MOMENT!

TU NE FAIS PAS LE PLEIN, FILLMORE?

CE TRUC VA POURRIR TA CONDUITE DE CARBURANT. J'AI BESOIN DE MON ESSENCE BIO.

TU COMPTES EN TROUVER ICI?

J'AI APPELÉ UN AMI. IL ARRIVE.

IL Y A UNE DEMI-HEURE DE ÇA, MEC. RAMONE EST DANS LE DOUTE.

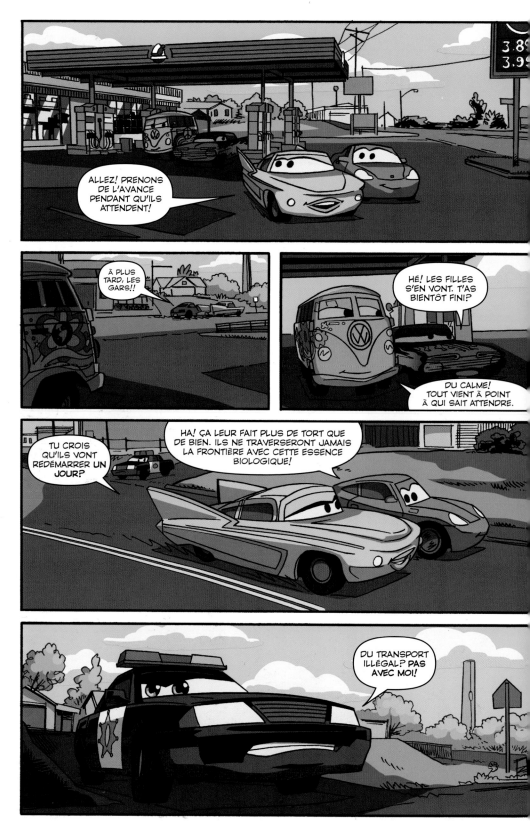

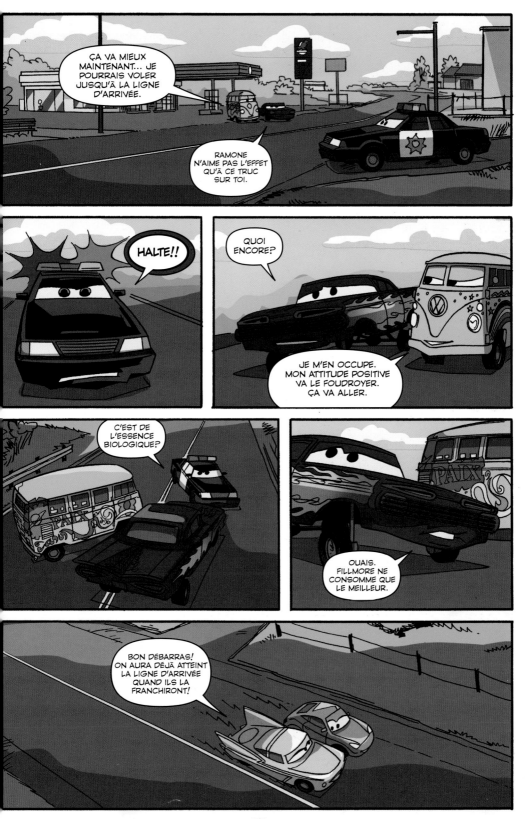

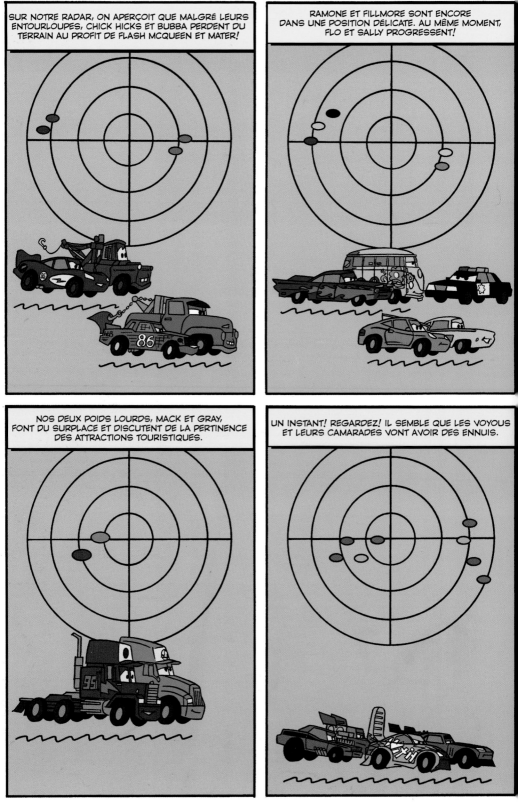

SUR NOTRE RADAR, ON APERÇOIT QUE MALGRÉ LEURS ENTOURLOUPES, CHICK HICKS ET BUBBA PERDENT DU TERRAIN AU PROFIT DE FLASH MCQUEEN ET MATER!

RAMONE ET FILLMORE SONT ENCORE DANS UNE POSITION DÉLICATE. AU MÊME MOMENT, FLO ET SALLY PROGRESSENT!

NOS DEUX POIDS LOURDS, MACK ET GRAY, FONT DU SURPLACE ET DISCUTENT DE LA PERTINENCE DES ATTRACTIONS TOURISTIQUES.

UN INSTANT! REGARDEZ! IL SEMBLE QUE LES VOYOUS ET LEURS CAMARADES VONT AVOIR DES ENNUIS.

38

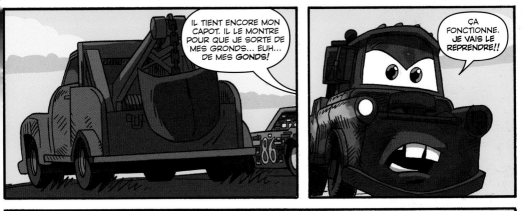

TU CHERCHES QUELQUE CHOSE?

OUAIS! RENDS-MOI MON CAPOT, BUBBA!

POURQUOI? TU NE SERAS PAS PLUS JOLI AVEC CE CAPOT!

JE M'EN FOUS. C'EST MON CAPOT ET TU LE SAIS.

SI TU GAGNES CETTE COURSE, JE TE RENDS TON CAPOT!

T'ES CONTENT, HICKS? TON PARTENAIRE EST UNE BRUTE. IL SE MOQUE DE LA COURSE!

DÉTENDS-TOI UN PEU. TU ES FÂCHÉ PARCE QU'IL LE TOURMENTE AVEC CETTE VIEILLE PIÈCE DE MÉTAL!

ÇA APPARTIENT À MATER. J'IMAGINE QUE BUBBA NE T'A JAMAIS DIT POURQUOI IL A DÛ QUITTER RADIATOR SPRINGS?

BUBBA EST PARTI PARCE QUE TES AMIS NE SUPPORTAIENT PAS QU'IL SOIT MEILLEUR QUE MATER. ILS L'ONT CHASSÉ DE LA VILLE ET IL A REJOINT UN MEILLEUR ENDROIT. ET CES ENDROITS ABONDENT!

OUBLIE ÇA, FLASH. ILS SONT TOUS PAREILS. ON LE RÉCUPÉRERA AVEC LA VICTOIRE!

HA! VOUS N'AVEZ AUCUNE CHANCE! KA-CHONGA!

41

43

HOONNKK!!

MAAWH!!

HÉ! HÉ! LÀ, TU PARLES!

AMÈNE-LES! LES AUTRES SONT OÙ?

ILS AIMENT LES PNEUS.

AAAAH!

BIEN SÛR!

GNAW GNAW

À L'AIDE!!

ILS NE MANGENT JAMAIS LES PNEUS D'HIVER??

SOUVIENS-TOI DE LEUR FAIRE FACE ET DE NE PAS LEUR MONTRER TA PEUR!

PHHHRRT!!

MAAWH!!

HOONNKK!! ROOADARRR!!

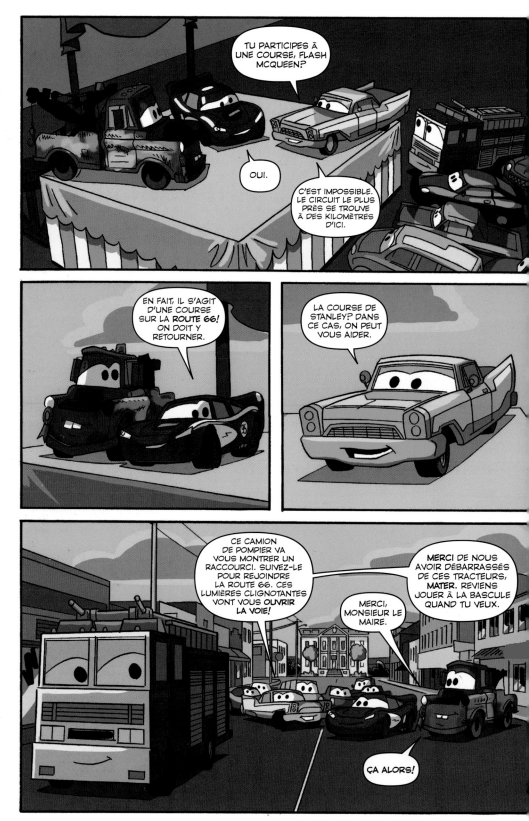

TU PARTICIPES À UNE COURSE, FLASH MCQUEEN?

OUI.

C'EST IMPOSSIBLE. LE CIRCUIT LE PLUS PRÈS SE TROUVE À DES KILOMÈTRES D'ICI.

EN FAIT, IL S'AGIT D'UNE COURSE SUR LA ROUTE 66! ON DOIT Y RETOURNER.

LA COURSE DE STANLEY? DANS CE CAS, ON PEUT VOUS AIDER.

CE CAMION DE POMPIER VA VOUS MONTRER UN RACCOURCI. SUIVEZ-LE POUR REJOINDRE LA ROUTE 66. CES LUMIÈRES CLIGNOTANTES VONT VOUS OUVRIR LA VOIE!

MERCI, MONSIEUR LE MAIRE.

MERCI DE NOUS AVOIR DÉBARRASSÉS DE CES TRACTEURS, MATER. REVIENS JOUER À LA BASCULE QUAND TU VEUX.

ÇA ALORS!

46

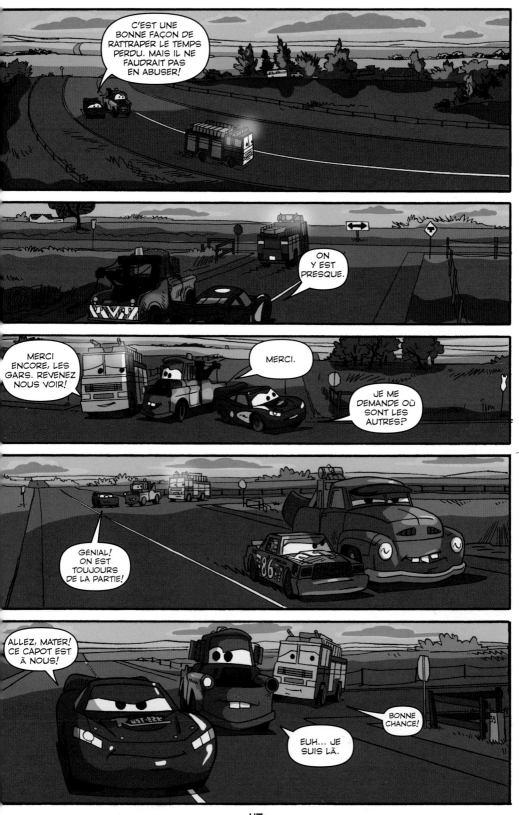

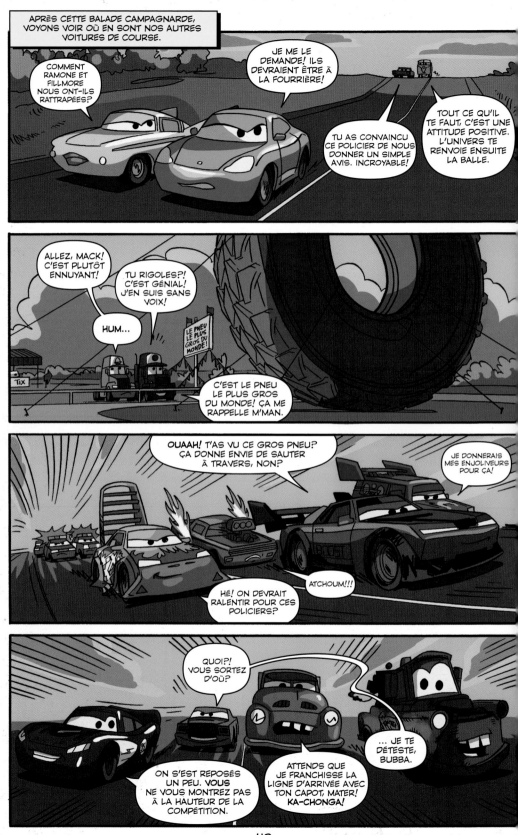

48

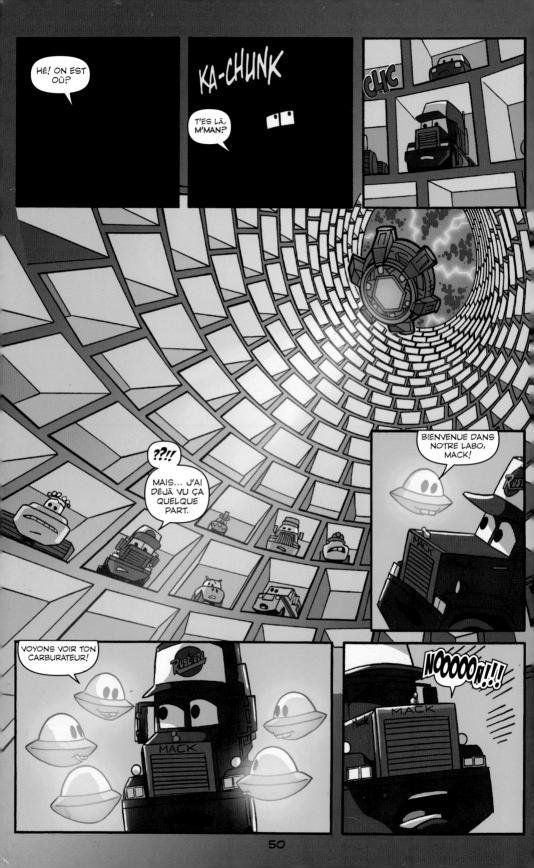

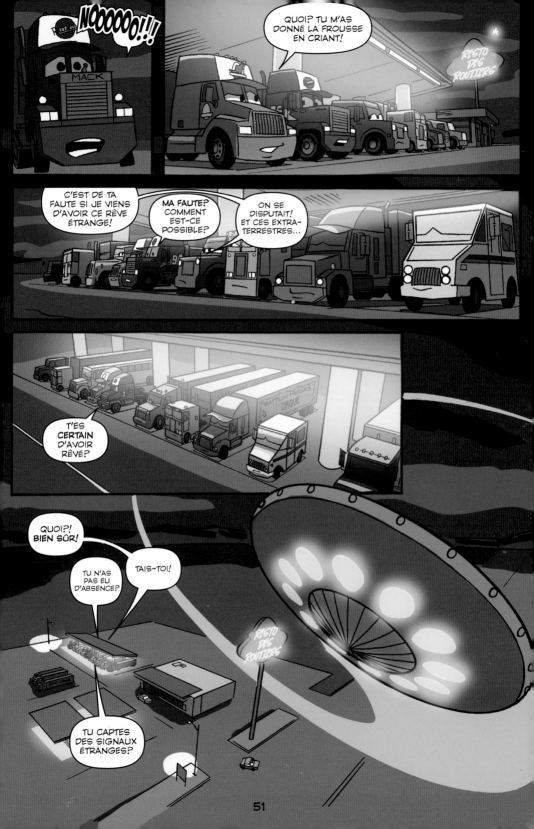

52

54

55

TU PORTES QUOI SUR TA TÊTE, MATER?

C'EST MON CASQUE! JE VOUS FAIS UNE DÉMONSTRATION?

C'EST JOLI, MATER.

MINCE! MERCI, SALLY. C'EST GENTIL!

CONTRAIREMENT À TOI, LES FILLES AIMENT MON STYLE.

JE N'AI PAS DIT ÇA. JE DOUTE DE SON UTILITÉ.

ALLEZ, MATER. RATTRAPONS LES FILLES ET GAGNONS CETTE COURSE.

TU NE DEVAIS PAS APPELER TES AMIS?

TU CROIS QUE JE FAISAIS QUOI PENDANT TON CHANGEMENT DE STYLE?

JE L'IGNORE. TU ÉTAIS DANS UN OVNI?

«SOUPIR» OUBLIE ÇA.

ON PEUT ARRÊTER D'EN PARLER?

HÉ! TU AS ABORDÉ LE SUJET.

ATTENTION, LES COPAINS!!

ON SE VOIT À LA LIGNE D'ARRIVÉE!!

UN GARS SE DÉCONCENTRE FACILEMENT.

AU FAIT, OÙ SONT RAMONE ET FILLMORE?

HA! QUI SAIT... JE SOUHAITE QUE RAMONE ME VOIE FRANCHIR LA LIGNE D'ARRIVÉE.

57

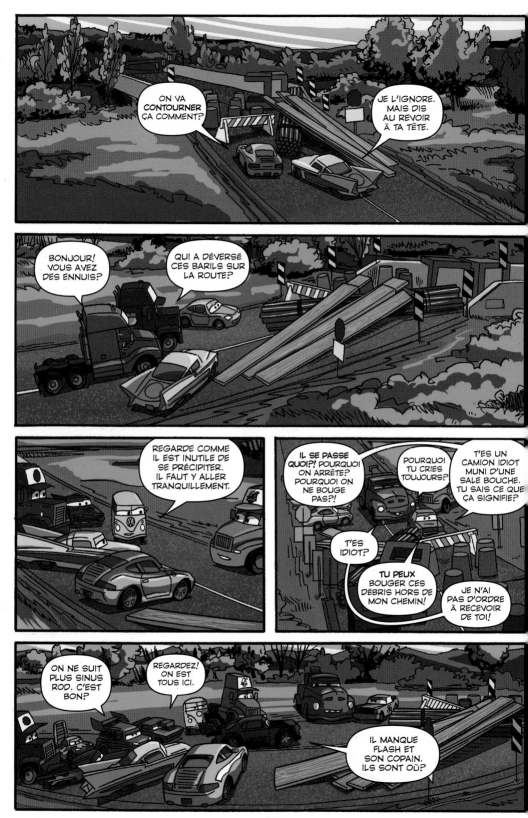

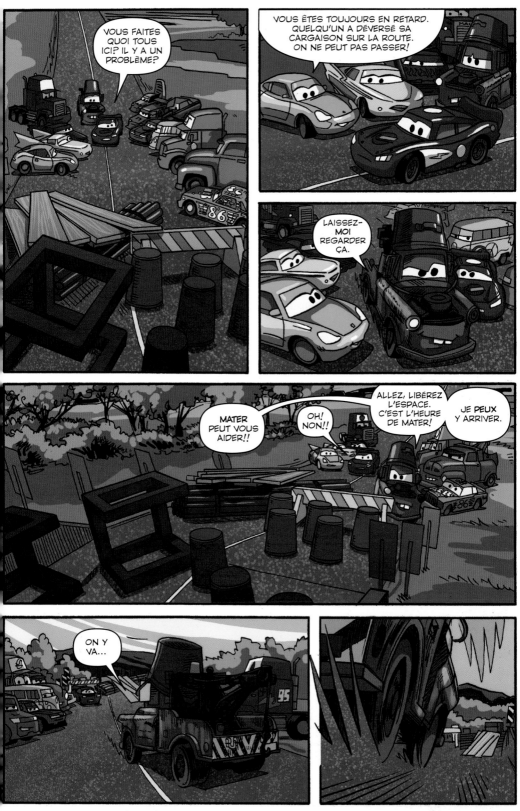

63

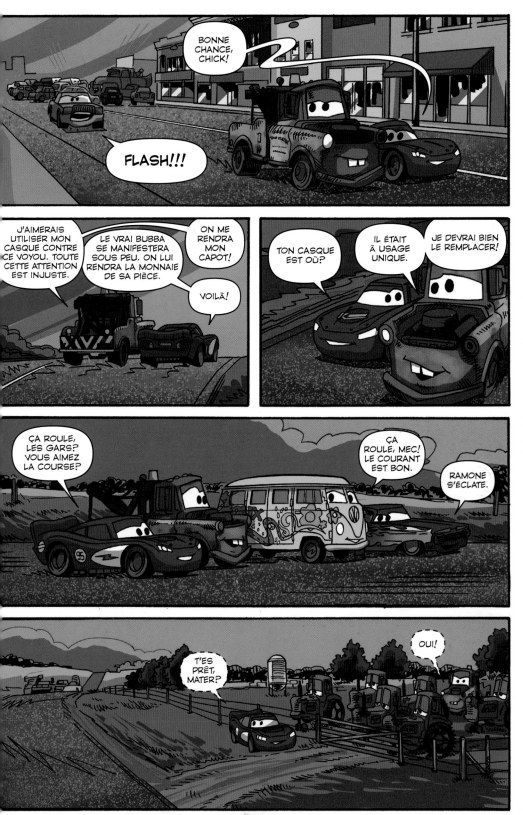

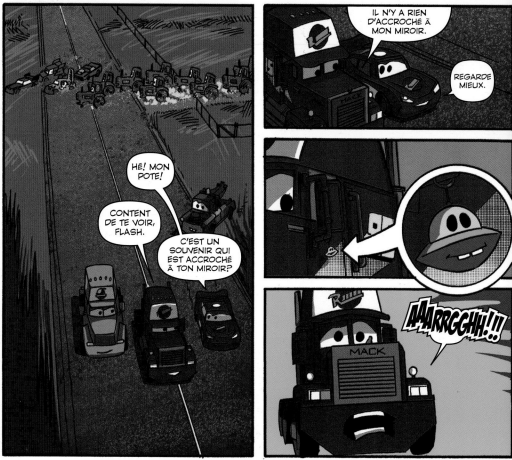

74

75

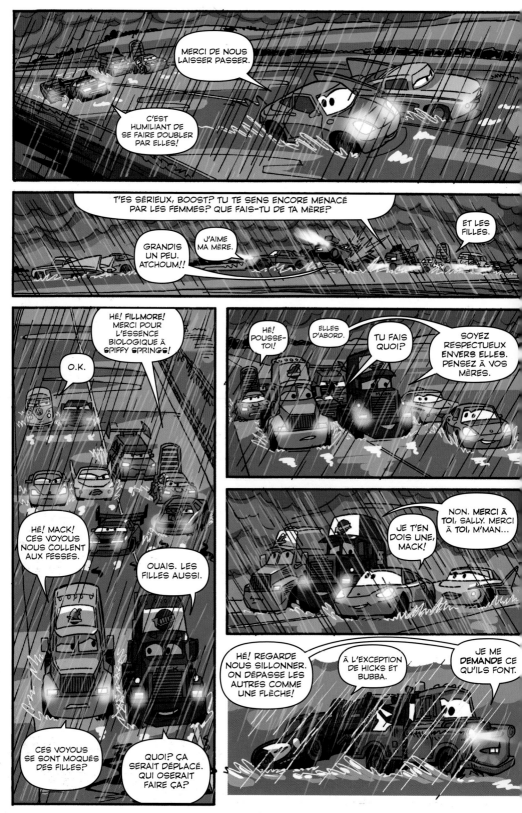

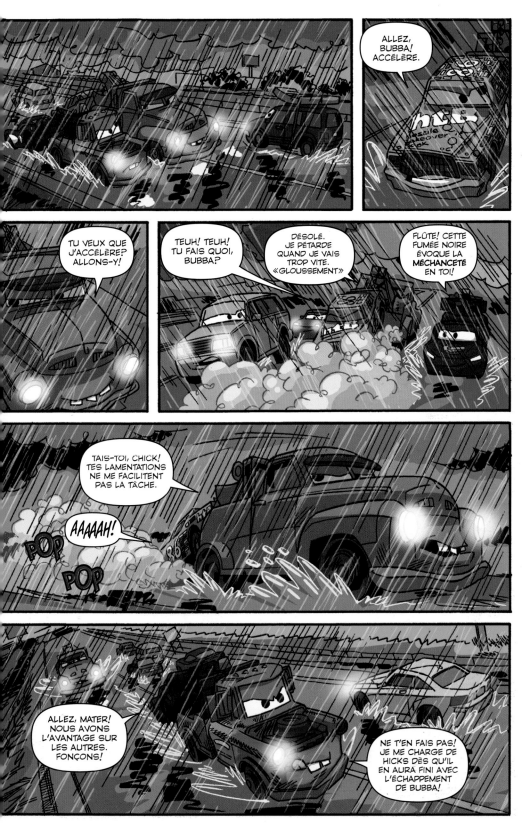

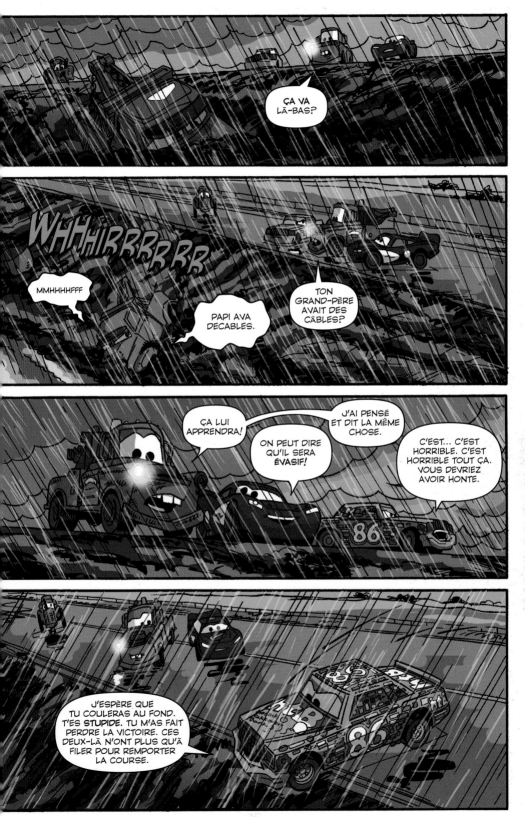

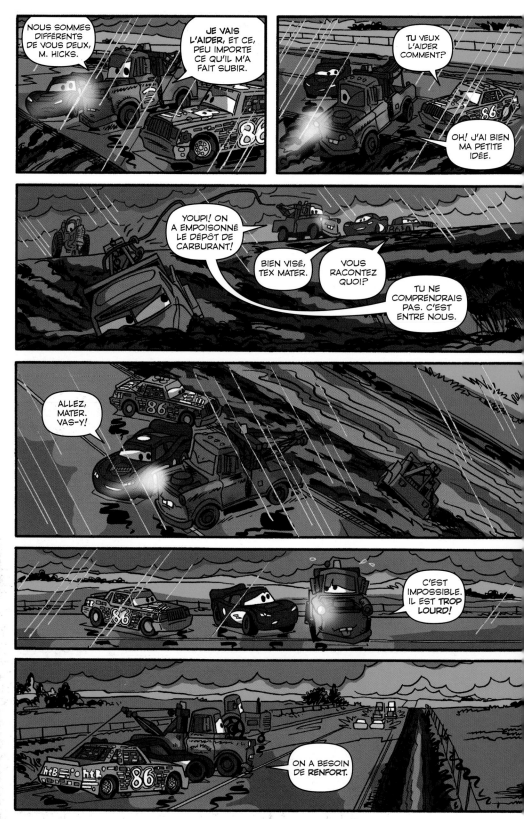

85

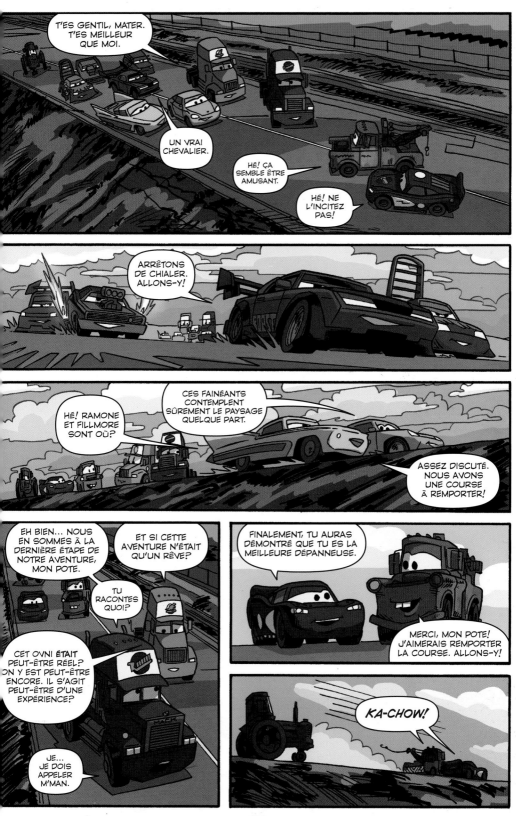

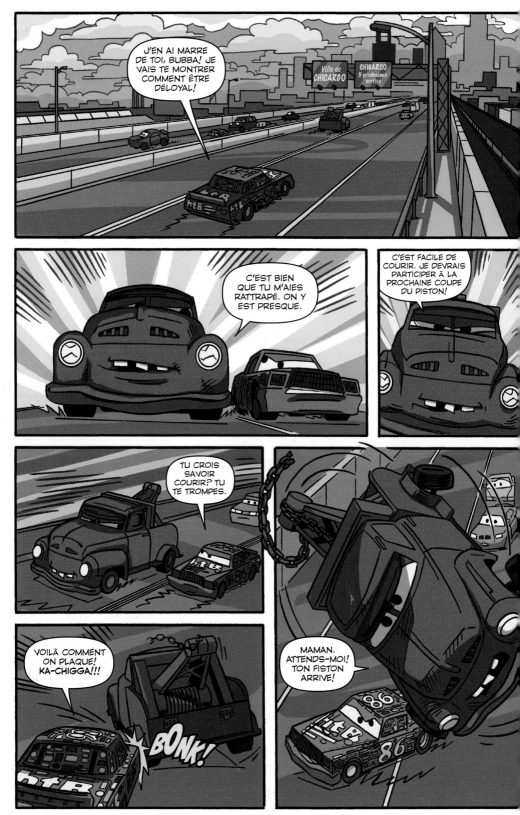

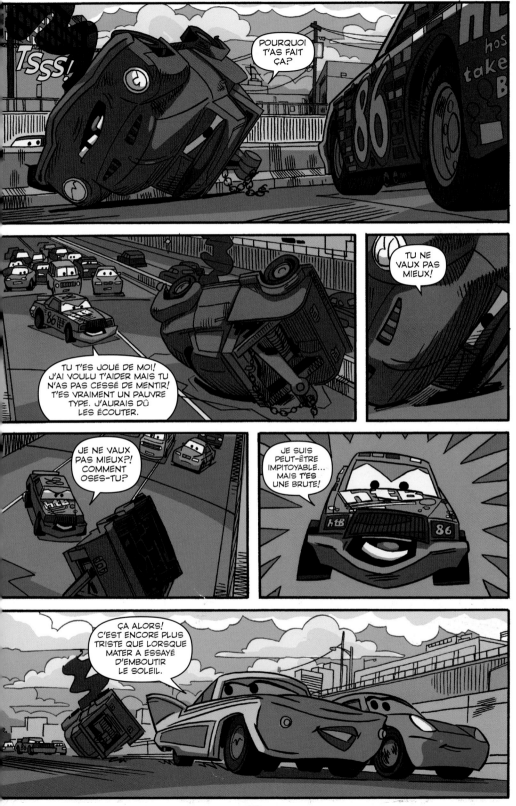

89

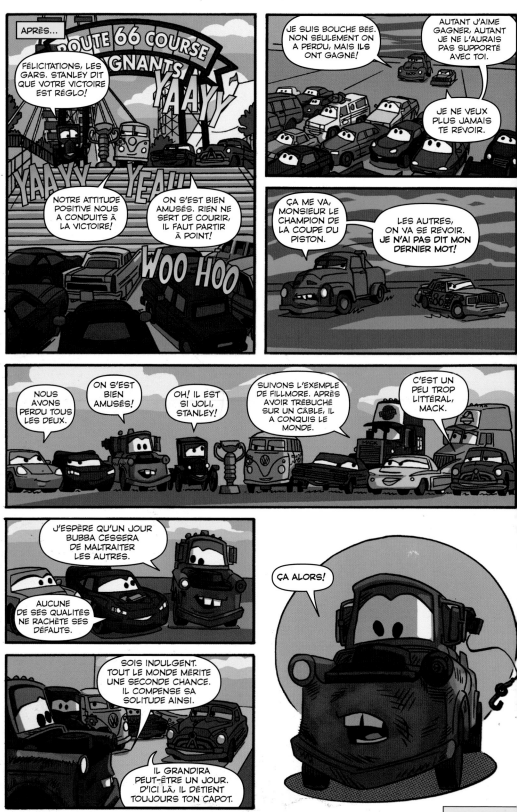

FIN

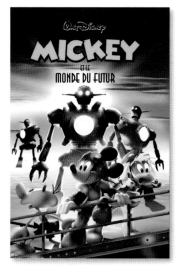

Le futur est là !

Mickey a entrevu ce que pourrait être le futur… un futur des plus terrifiants qu'il est le seul à pouvoir empêcher de devenir réalité ! Retrouvez Mickey, Minnie et Iga Biva — leur ami de l'année 2500 — pour une aventure palpitante remplie de robots géants, de mystérieuses organisations et de combats aériens ! Soyez prêt à assister au face à face de Mickey et d'un de ses plus dangereux ennemis dont l'issue n'est autre que le destin du Monde du Futur !

MICKEY ET LE MONDE DU FUTUR
ISBN 978-2-89660-565-1

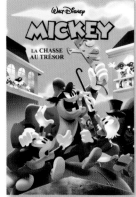

MICKEY - LA CHASSE AU TRÉSOR
ISBN 978-2-89660-466-1

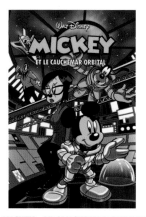

MICKEY - LE CAUCHEMAR ORBITAL
ISBN 978-2-89660-457-9

MICKEY - L'ÎLE DE QUANDOMAI
ISBN 978-2-89660-367-1

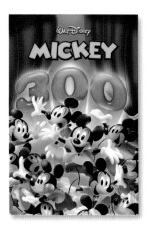

MICKEY - 300
ISBN 978-2-89660-371-8

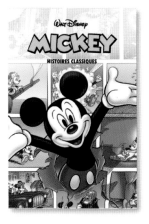

MICKEY - HISTOIRES CLASSIQUES
ISBN 978-2-89660-370-1

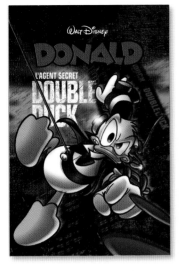

L'agent Double Duck

Après avoir quitté l'Agence et s'être fait effacer la mémoire pour ne rien divulguer de ses précédentes missions, Donald reprend du service pour redevenir... Double Duck !

Entraînement spécial, mission test, espionnage, trahison : l'agent secret Double Duck se retrouve dans une nouvelle mission de la plus haute importance où la sécurité de tous en jeu.

DONALD - L'AGENT DOUBLE DUCK
ISBN 978-2-89660-575-0

DONALD - L'OR DES PIRATES
ISBN 978-2-89660-467-8

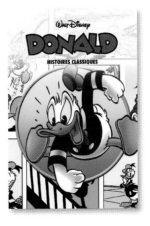

DONALD - HISTOIRES CLASSIQUES
ISBN 978-2-89660-369-5

**DONALD - LE MONDE
DES MAÎTRES DRAGONS**
ISBN 978-2-89660-460-9

LES BAGNOLES - ROUTE 66
ISBN 978-2-89660-555-2

Un monde fou fou fou des bagnoles

Le départ est lancé! Quand Mater et Flash décident de participer à la course de cross-country de la Route 66, c'est tout Radiator Springs qui passe à l'action. Les paires se forment pour l'aventure! Mater et Flash, Fillmore et Ramone et même certains indésirables s'associent, dont notamment Bubba et Chick Hicks qui combinent leur naturel bourru pour l'occasion. Quelle équipe rejoindra le centre-ville de Chi-car-go en premier? Les jeux sont loin d'être faits!

LES BAGNOLES - RADIATOR SPRINGS

ISBN 978-2-89660-488-3

LES BAGNOLES - LA RECRUE

ISBN 978-2-89660-461-6

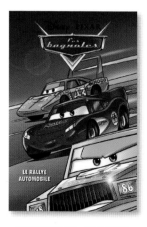

LES BAGNOLES - LE RALLYE AUTOMOBILE

ISBN 978-2-89660-366-4

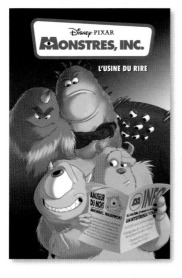

MONSTRES, INC. - L'USINE DU RIRE

ISBN 978-2-89660-518-7

Fini la frousse, bonjour le rire ! Sully, Mike et Boo sont de retour et, avec eux, toute l'équipe de Monstres, Inc.

L'usine de la Frousse a fait place à l'usine du Rire, sous la direction de Sully, aidé par le talent d'amuseur de Mike Wazowski. Mais lorsque d'étranges actes de sabotage viennent perturber la productivité de Monstres, Inc., nos héros n'ont pas d'autre choix que de se lancer sur les traces des coupables. Mike et Sully parviendront-ils à sauver Monstropolis ?

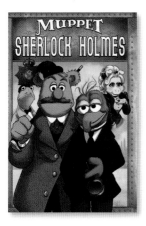

MUPPET - SHERLOCK HOLMES

ISBN 978-2-89660-517-0

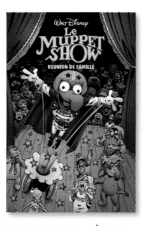

LE MUPPET SHOW - RÉUNION DE FAMILLE

ISBN 978-2-89660-364-0

LE MUPPET SHOW - LE SPECTACLE CONTINUE

ISBN 978-2-89660-462-3

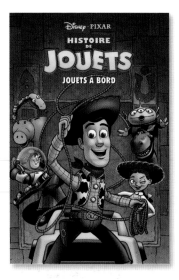

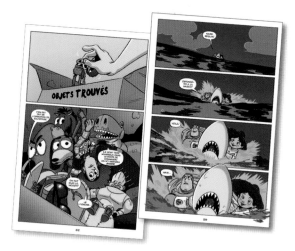

HISTOIRE DE JOUETS - JOUETS À BORD

ISBN 978-2-89660-516-3

Levez l'ancre !

Avec les vacances estivales qui débutent, c'est l'heure pour Andy de partir en croisière dans les Caraïbes avec Woody, Buzz et ses deux nouveaux amis, Jessie et Bourrasque. Mais, lorsqu'un accident entraîne Buzz et Jessie par-dessus bord, une course contre la montre pour éviter la noyade et pour rejoindre le bateau se met en branle. Dans cette nouvelle aventure en haute mer, tous les jouets passent à l'action !

**HISTOIRE DE JOUETS - LE RETOUR
DE BUZZ LIGHTYEAR**

ISBN 978-2-89660-365-7

**HISTOIRE DE JOUETS - LA LUTTE
DES JOUETS**

ISBN 978-2-89660-459-3

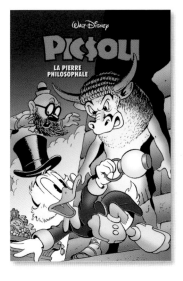

PICSOU - LA PIERRE PHILOSOPHALE

ISBN 978-2-89660-519-4

Sur la piste de trésors perdus !

Là où il y a de l'or, il y a Picsou ! Pas surprenant alors que le canard le plus fortuné du monde se lance à la recherche d'une pierre capable de transformer le métal en or... la célèbre pierre philosophale ! Toujours prêts à aider, Donald, Riri, Fifi et Loulou s'aventurent avec lui dans cette quête ! Picsou et ses neveux doivent faire vite s'ils veulent mettre la main sur cette pierre recherchée par le monde entier depuis des siècles !

**PICSOU - LA MALÉDICTION
DE FLABBERGÉ**

ISBN 978-2-89660-458-6

PICSOU - LES 50 COFFRES-FORTS

ISBN 978-2-89660-368-8

DISNEY·PIXAR
MONSTRES, INC.

L'USINE DU RIRE

AMUSEUR
DU MOIS
MICHAEL WAZOWSKI

Mike Wazowski (Étages des Rires F)
continue son incroyable parcours
en tant qu'amuseur vedette de MI
une dixième semaine consécutive.
Mike aime les films d'horreur et attribue
son succès à « une bonne hygiène,
des exercices vocaux et un génie naturel ».

INF

DU MATÉRIEL D'AMUSEUR DISP
UN MYSTÉRIEUX VOLÉ

- Le CDA lance une enquête
- Les quotas de rires souffrent
de cette perte de matériel
- Un enfant déclare :
« Vous êtes nuls! »

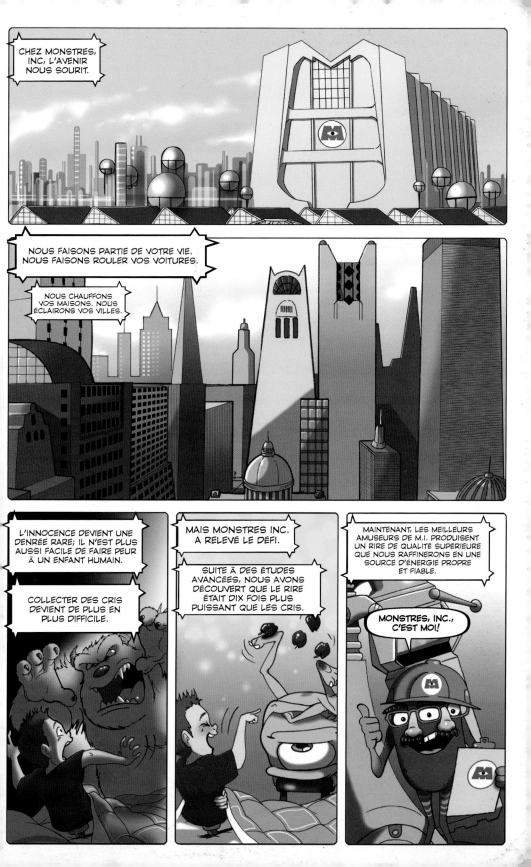

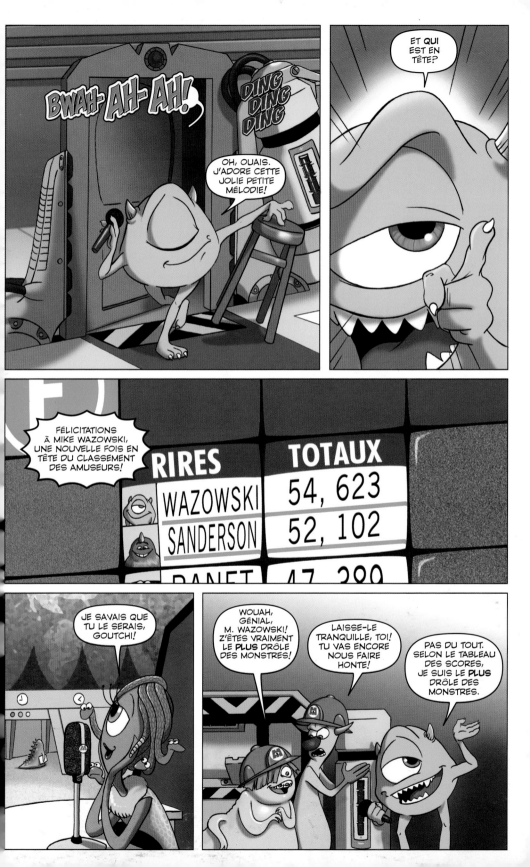